Florent Margaillan

Glaces et sorbets,
complètement givrés !

Photographies de Guillaume Czerw

Stylisme de Julie Schwob

ISBN : 978-2-7540-3544-6
Dépôt légal : mai 2012
Imprimé en France par Pollina - L64200
Photos : © Guillaume Czerw
Direction éditoriale : Aurélie Starckmann
Édition : Audrey Bernard
Conception graphique : Istria
Pictogramme © Pascale Etchecopar

Éditions First-Gründ
60, rue Mazarine
75006 Paris – France
e-mail : firstinfo@efirst.com
Site internet : www.editionsfirst.fr

Sommaire

Introduction

Les premiers desserts glacés sont nés en Chine et en Arabie plusieurs siècles avant notre ère. Les glaces (ou sorbets) étaient obtenues par un refroidissement sur de la glace ou par adjonction de neige.

Aujourd'hui, nous utilisons des sorbetières ou turbines afin de refroidir le plus vite possible les préparations. Plus le refroidissement est rapide, meilleure est la texture de la glace.

Le choix de la sorbetière et sa bonne utilisation auront une grande incidence sur la texture. La sorbetière fonctionne par une accumulation de froid grâce à un passage au congélateur, alors que la turbine à glace produit elle-même du froid. Si vous en avez les moyens, je vous recommande l'utilisation d'une turbine à glace.

Les glaces sont des préparations réalisées à partir de lait et de crème auxquelles on ajoute des jaunes d'œufs et du sucre : il s'agit de crèmes anglaises aromatisées. Les sorbets ont pour base un sirop composé d'eau et de sucre auquel on ajoute des fruits ou des jus de fruits.

Les pâtissiers et/ou glaciers choisissent des sucres spéciaux et des additifs afin d'optimiser texture et conservation de leurs desserts glacés. Si vous voulez faire comme eux, dans les recettes qui vous sont proposées ici, vous pouvez remplacer 15 % du sucre par du glucose atomisé et ajouter 5 % de stabilisateur. Vous trouvez ces produits dans les magasins pour professionnels ou épiceries fines spécialisées dans la pâtisserie.

Ce livre vous permettra de réaliser toutes les recettes de glaces et sorbets classiques, de découvrir de nouveaux parfums ou associations avec notamment 5 recettes de glaces salées. Vous pourrez aussi vous régalez avec une multitude de desserts glacés plus gourmands les uns que les autres !

Voici 50 recettes faciles, goûteuses et rafraîchissantes pour faire plaisir et vous faire plaisir tout au long de l'année !

Glace au chocolat

bon marché • facile à réaliser • préparation : 10 min • cuisson : 10 min • congélation : selon votre appareil • pour 4 personnes (environ 1 l)

1 casserole
1 saladier
1 fouet
1 mixeur plongeant
1 sorbetière (ou turbine à glace)

200 g de chocolat noir à 70 % de cacao
50 cl de lait
4 jaunes d'œufs
100 g de sucre

1 Portez le lait à ébullition avec la moitié du sucre. Hachez le chocolat en petits morceaux.

2 Dans un saladier, battez les jaunes d'œufs avec le restant du sucre.

3 Lorsque le lait est bouillant, versez-le sur le mélange œufs-sucre. Remettez le tout sur feu doux et remuez jusqu'à ce que la préparation épaississe (attention à ne pas faire bouillir). Versez dans un saladier, ajoutez le chocolat haché, mixez. Laissez refroidir.

4 Versez la préparation dans votre sorbetière, que vous utiliserez selon le mode d'emploi.

variante

Choisissez une tablette de chocolat aux noisettes, c'est également délicieux.

truc de glacier

Utilisez un chocolat de bonne qualité, c'est lui qui fera une glace savoureuse.

Glace à la vanille

bon marché • facile à réaliser • préparation : 15 min • infusion : 10 min • cuisson : 10 min • congélation : selon votre appareil • pour 4 personnes (environ 1 l)

1 casserole
1 saladier
1 fouet
1 mixeur plongeant
1 sorbetière
(ou turbine à glace)

2 gousses de vanille
50 cl de lait
10 cl de crème liquide
6 jaunes d'œufs
120 g de sucre

1 Portez le lait à ébullition avec la moitié du sucre et les gousses de vanille fendues en 2 et grattées. Coupez le feu et laissez infuser pendant au moins 10 minutes.

2 Dans un saladier, battez les jaunes d'œufs avec le restant du sucre.

3 Retirez les gousses de vanille du lait, remettez la casserole sur le feu et, lorsque le lait est bouillant, versez-le sur le mélange œufs-sucre. Remettez le tout sur feu doux et remuez jusqu'à ce que la préparation épaississe (attention à ne pas faire bouillir).

4 Versez dans un saladier, ajoutez la crème liquide et mixez. Laissez refroidir. Versez la préparation dans votre sorbetière, que vous utiliserez selon le mode d'emploi.

variante

Remplacez les gousses de vanille par 1 bâton de cannelle.

truc de glacier

En remplaçant un quart du lait par du lait concentré, vous améliorerez la texture de la glace.

Glace au café

bon marché • facile à réaliser • préparation : 15 min • infusion : 10 min • cuisson : 15 min • congélation : selon votre appareil • pour 4 personnes (environ 1 l)

1 casserole
1 saladier
1 fouet
1 passoire
1 mixeur plongeant
1 sorbetière (ou turbine à glace)

40 g de café en grains
50 cl de lait
10 cl de crème liquide
5 jaunes d'œufs
100 g de sucre
1 cuil. à soupe de café soluble

1 Portez le lait à ébullition avec la moitié du sucre. Ajoutez le café en grains préalablement concassé. Laissez infuser pendant au moins 10 minutes. Filtrez à travers une passoire fine de manière à retirer les grains de café.

2 Dans un saladier, battez les jaunes d'œufs avec le restant du sucre.

3 Remettez la casserole sur le feu et, lorsque le lait est bouillant, versez-le sur le mélange œufs-sucre. Remettez le tout sur feu doux et remuez jusqu'à ce que la préparation épaississe (attention à ne pas faire bouillir). Versez dans un saladier, ajoutez la crème liquide et le café soluble, puis mixez. Faites refroidir.

4 Versez la préparation dans votre sorbetière, que vous utiliserez selon le mode d'emploi.

variante

Remplacez le café par de la chicorée.

truc de glacier

Utilisez du lait entier pour un résultat plus gourmand.

Glace à la pistache

coût moyen • facile à réaliser • préparation : 15 min • cuisson : 10 min • congélation : selon votre appareil • pour 4 personnes (environ 1 l)

1 casserole - 1 saladier
1 fouet
1 mixeur plongeant
1 sorbetière
(ou turbine à glace)

50 g de pâte de pistache
50 cl de lait
10 cl de crème liquide
6 jaunes d'œufs
100 g de sucre

Portez le lait à ébullition avec la moitié du sucre. Dans un saladier, battez les jaunes d'œufs avec le restant du sucre.

Lorsque le lait est bouillant, versez-le sur le mélange œufs-sucre. Remettez le tout sur feu doux et remuez jusqu'à ce que la préparation épaississe (attention à ne pas faire bouillir). Versez dans un saladier, ajoutez la crème liquide ainsi que la pâte de pistache, mixez. Laissez refroidir.

Versez la préparation dans votre sorbetière, que vous utiliserez selon le mode d'emploi.

Glace aux marrons

bon marché • facile à réaliser • préparation : 15 min • cuisson : 10 min • congélation : selon votre appareil • pour 4 personnes (environ 1 l)

1 casserole - 1 saladier
1 fouet
1 mixeur plongeant
1 sorbetière
(ou turbine à glace)

200 g de crème de marrons
50 cl de lait
10 cl de crème liquide
3 jaunes d'œufs
50 g de sucre

Portez le lait à ébullition. Dans un saladier, battez les jaunes d'œufs avec le sucre.

Lorsque le lait est bouillant, versez-le sur le mélange œufs-sucre. Remettez le tout sur feu doux et remuez jusqu'à ce que la préparation épaississe (attention à ne pas faire bouillir). Versez dans un saladier, ajoutez la crème liquide ainsi que la crème de marrons, mixez. Laissez refroidir.

Versez la préparation dans votre sorbetière, que vous utiliserez selon le mode d'emploi.

Glace au caramel

bon marché • facile à réaliser • préparation : 20 min • cuisson : 15 min • congélation : selon votre appareil • pour 4 personnes (environ 1 l)

3 casseroles
1 saladier
1 fouet
1 mixeur plongeant
1 sorbetière
(ou turbine à glace)

50 cl de lait
15 cl de crème liquide
1 gousse de vanille
3 jaunes d'œufs
120 g de sucre

1 Portez le lait à ébullition avec la gousse de vanille fendue en 2 et grattée.

2 Dans un saladier, battez les jaunes d'œufs avec 20 g de sucre. Retirez la gousse de vanille du lait. Portez la crème à ébullition.

3 Dans une autre casserole, versez le restant de sucre, faites-le cuire au caramel, puis incorporez la crème liquide chaude petit à petit. Ajoutez le lait, portez de nouveau le tout à ébullition, versez sur le mélange œufs-sucre. Remettez le tout sur feu doux et remuez jusqu'à ce que le mélange épaississe (attention à ne pas faire bouillir). Placez dans un saladier, mixez.

4 Versez la préparation dans votre sorbetière, que vous utiliserez selon le mode d'emploi.

variante

Ajoutez des petits bouts de noisettes caramélisées au mélange avant de le verser dans la turbine.

truc de glacier

Ajoutez 1 pincée de fleur de sel dans la glace pour lui donner plus de finesse.

Glace à la vanille sans sorbetière

bon marché • facile à réaliser • préparation : 15 min • cuisson : 5 min • congélation : 3 h • pour 4 personnes

2 saladiers - 1 fouet
1 casserole - 1 mixeur
1 bac à glace

2 gousses de vanille
6 jaunes d'œufs
150 g de sucre
1 feuille de gélatine (2 g)
50 cl de crème fleurette

Trempez la feuille de gélatine dans un grand volume d'eau froide. Montez 45 cl de crème liquide en chantilly. Réservez-la au frais.

Faites chauffer le restant de la crème avec la feuille de gélatine préalablement égouttée. Ajoutez les gousses de vanille fendues en 2 puis grattées, mélangez.

Dans une casserole, portez à ébullition le sucre avec 5 cl d'eau. Pendant ce temps, fouettez les jaunes d'œufs, puis versez petit à petit le sirop chaud. Continuez de fouetter pendant encore 5 à 10 minutes (jusqu'à ce que le mélange triple de volume). Ajoutez délicatement le mélange à la vanille après avoir retiré les gousses, puis incorporez peu à peu la crème Chantilly aux jaunes d'œufs montés.

Réservez dans un bac à glace et placez au congélateur pendant au moins 3 heures.

Glace à la fraise sans sorbetière

bon marché • facile à réaliser • préparation : 15 min • cuisson : 2 min • congélation : 3 h • pour 4 personnes

2 saladiers - 1 fouet
1 passoire fine
1 casserole - 1 mixeur
1 bac à glace

300 g de fraises
1 feuille de gélatine (2 g)
2 blancs d'œufs
10 g de sucre
25 cl de crème fleurette

Trempez la feuille de gélatine dans un grand volume d'eau froide. Montez la crème liquide en chantilly. Réservez-la au frais.

Équeutez les fraises, coupez-les en 2, puis mixez-les. Filtrez le coulis à travers une passoire fine.

Égouttez la gélatine. Faites chauffer la moitié du coulis de fraises. Ajoutez la gélatine. Mélangez, puis versez le restant du coulis.

Dans un saladier, montez les blancs d'œufs en neige, puis incorporez petit à petit le sucre. Mélangez délicatement les blancs d'œufs avec le coulis de fraises, puis incorporez la crème Chantilly. Réservez dans un bac à glace et placez au congélateur pendant au moins 3 heures.

Sorbet à la fraise

bon marché • facile à réaliser • préparation : 15 min • cuisson : 15 min •
congélation : selon votre appareil • pour 4 personnes (environ 1 l)

1 casserole
1 saladier
1 mixeur plongeant
1 passoire fine
1 sorbetière
(ou turbine à glace)

500 g de fraises
130 g de sucre
le jus d'1/2 citron jaune
30 cl d'eau

1 Lavez puis équeutez les fraises.

2 Portez à ébullition l'eau avec le sucre, versez ce sirop sur les fraises. Mixez, puis passez à travers une passoire fine.

3 Ajoutez le jus de citron. Laissez refroidir.

4 Versez la préparation dans votre sorbetière, que vous utiliserez selon le mode d'emploi.

variante

Vous pouvez réaliser le même sorbet avec des framboises.

truc de glacier

Choisissez des fraises bien mûres et sucrées, la qualité des fraises déterminera en grande partie la réussite de votre sorbet. Goûtez les fraises avant de les acheter !

Sorbet au citron

bon marché • facile à réaliser • préparation : 15 min • cuisson : 5 min • congélation : selon votre appareil • pour 4 personnes (environ 1 l)

1 casserole
1 saladier
1 zesteur
1 presse-agrumes
1 mixeur plongeant
1 passoire fine
1 sorbetière
(ou turbine à glace)

8 citrons jaunes non traités

220 g de sucre

50 cl d'eau

1 Lavez tous les citrons. Prélevez les zestes de 2 citrons, hachez-les finement.

2 Pressez les citrons afin d'en prélever le jus. Recueillez 25 cl de jus.

3 Portez à ébullition l'eau avec le sucre et les zestes, laissez refroidir, ajoutez le jus de citron, mixez puis filtrez à travers une passoire fine.

4 Versez la préparation dans votre sorbetière, que vous utiliserez selon le mode d'emploi.

variante

Remplacez un quart du jus de citron par la même quantité de jus de yuzu (agrume japonais), vous donnerez ainsi un peu plus de finesse au sorbet (vous trouverez le jus de yuzu dans des épiceries asiatiques).

truc de glacier

Ajoutez 40 g de poudre de lait dans le sirop, vous améliorerez ainsi la texture du sorbet et en diminuerez l'acidité.

Sorbet aux pêches

bon marché • facile à réaliser • préparation : 15 min • cuisson : 5 min • congélation : selon votre appareil • pour 4 personnes (environ 1 l)

1 casserole
1 saladier
1 balance
1 mixeur plongeant
1 passoire fine
1 sorbetière
(ou turbine à glace)

6 pêches jaunes bien mûres

110 g de sucre

le jus d'1/2 citron jaune

20 cl d'eau

1 Lavez et épluchez les pêches, retirez les noyaux, puis mixez-les.
Pesez 500 g de purée de pêches.

2 Portez à ébullition l'eau avec le sucre. Hors du feu, ajoutez la purée de pêches ainsi que le jus de citron.

3 Mixez, puis passez à travers une passoire fine. Laissez refroidir.

4 Versez la préparation dans votre sorbetière, que vous utiliserez selon le mode d'emploi.

variante

Utilisez des pêches de vigne.

truc de glacier

Choisissez des pêches bien mûres, la qualité des fruits est essentielle pour réussir un bon sorbet.

Sorbet à la pomme verte

bon marché • facile à réaliser • préparation : 15 min • cuisson : 5 min • congélation : selon votre appareil • pour 4 personnes (environ 1 l)

1 casserole - 1 saladier
1 passoire fine
1 mixeur plongeant
1 sorbetière
(ou turbine à glace)

5 pommes vertes
le jus d'1 citron jaune
150 g de sucre
5 cl de manzana
20 cl d'eau

Lavez les pommes, coupez-les en 4, puis retirez les pépins. Mixez-les avec le jus de citron. Passez à travers une passoire fine. Prélevez 50 cl de jus de pommes.

Dans une casserole, portez à ébullition l'eau et le sucre. Laissez refroidir, puis mélangez avec le jus de pommes et la manzana.

Versez la préparation dans votre sorbetière, que vous utiliserez selon le mode d'emploi.

Sorbet à la noix de coco

coût moyen • facile à réaliser • préparation : 15 min • cuisson : 5 min • congélation : selon votre appareil • pour 4 personnes (environ 1 l)

1 casserole - 1 saladier
1 économe - 1 zesteur
1 mixeur plongeant
1 sorbetière
(ou turbine à glace)

1 noix de coco
25 cl de lait de coco
50 cl de lait
100 g de sucre
1 citron vert non traité

Lavez le citron vert, prélevez les zestes, puis hachez-les finement. Cassez la noix de coco, retirez la coque puis la peau marron à l'aide d'un couteau Économe. Mixez la chair de noix de coco.

Portez à ébullition le lait de coco avec le lait et le sucre. Ajoutez la noix de coco, mixez à nouveau, puis ajoutez les zestes du citron vert et mélangez.

Versez la préparation dans votre sorbetière, que vous utiliserez selon le mode d'emploi.

Sorbet mangue-passion

coût moyen • facile à réaliser • préparation : 15 min • cuisson : 5 min • congélation : selon votre appareil • pour 4 personnes (environ 1 l)

1 casserole
1 saladier
1 mixeur plongeant
1 passoire fine
1 sorbetière
(ou turbine à glace)

2 mangues bien mûres
10 cl de jus de fruits de la passion
20 cl d'eau
120 g de sucre
le jus d'1/2 citron vert

1 Épluchez les mangues, prélevez la chair, puis mixez-la. Pesez 400 g de purée de mangue.

2 Portez à ébullition l'eau avec le sucre, ajoutez le jus de fruits de la passion ainsi que le jus de citron.

3 Mixez, puis passez à travers une passoire fine. Faites refroidir.

4 Versez la préparation dans votre sorbetière, que vous utiliserez selon le mode d'emploi.

variante

Remplacez la moitié de la purée de mangue par de la purée de banane.

truc de glacier

Ajoutez 5 cl de Passoa®, l'alcool va renforcer le goût du sorbet et empêcher la glace de trop cristalliser.

Sorbet figue-framboise

coût moyen • facile à réaliser • préparation : 15 min • cuisson : 15 min • congélation : selon votre appareil • pour 4 personnes (environ 1 l)

2 casseroles
1 saladier
1 mixeur plongeant
1 passoire fine
1 sorbetière
(ou turbine à glace)

300 g de framboises
200 g de figues fraîches
120 g de sucre
le jus d'1/2 citron jaune
25 cl d'eau

1 Lavez les figues et les framboises puis coupez les figues en 4.

2 Dans une casserole, faites compoter les figues et les framboises avec la moitié du sucre pendant 10 minutes à feu doux.

3 Dans une autre casserole, portez à ébullition l'eau avec le reste du sucre, versez sur la compotée. Mixez, puis passez à travers une passoire fine. Ajoutez le jus de citron. Laissez refroidir.

4 Versez la préparation dans votre sorbetière, que vous utiliserez selon le mode d'emploi.

variante

Rajoutez quelques dés de figues séchées dans le mélange avant de le faire prendre dans la sorbetière.

truc de glacier

Pour que la glace prenne bien, versez impérativement un mélange froid dans la sorbetière.

Sorbet abricot-estragon

bon marché • facile à réaliser • préparation : 15 min • cuisson : 15 min • congélation : selon votre appareil • pour 4 personnes (environ 1 l)

2 casseroles
1 saladier
1 mixeur plongeant
1 passoire fine
1 sorbetière
(ou turbine à glace)

600 g d'abricots bien mûrs

1 branche d'estragon frais

110 g de sucre

le jus d'1/2 citron jaune

25 cl d'eau

1 Lavez les abricots, retirez les noyaux puis coupez-les en 4. Lavez l'estragon puis ciselez-le finement.

2 Dans une casserole, faites compoter à feu doux les abricots avec la moitié du sucre pendant 10 minutes.

3 Dans une autre casserole, portez à ébullition l'eau avec le reste du sucre, versez sur la compotée. Mixez, puis passez à travers une passoire fine. Ajoutez le jus de citron. Laissez refroidir.

4 Incorporez l'estragon ciselé, puis versez la préparation dans votre sorbetière, que vous utiliserez selon le mode d'emploi.

variante

Remplacez les abricots par de la rhubarbe. Rajoutez alors 50 g de sucre.

truc de glacier

Si vous voulez obtenir un sorbet plus prononcé en estragon, vous pouvez laisser infuser une branche dans la casserole pendant 10 minutes (avant de verser sur la compotée).

Sorbet cassis aux brisures de meringue

coût moyen • facile à réaliser • préparation : 15 min • cuisson : 5 min • congélation : selon votre appareil • pour 4 personnes (environ 1 l)

1 casserole
1 saladier
1 mixeur plongeant
1 passoire fine
1 sorbetière
(ou turbine à glace)

500 g de cassis
12 petites meringues
250 g de sucre
le jus d'1/2 citron jaune
40 cl d'eau

1 Cassez les meringues en petits morceaux.

2 Dans une casserole, portez à ébullition l'eau avec le sucre. Laissez refroidir ce sirop.

3 Mixez les cassis avec le sirop froid et le jus du demi-citron. Passez à travers une passoire fine.

4 Versez la préparation dans votre sorbetière, que vous utiliserez selon le mode d'emploi. À la moitié du temps de refroidissement, ajoutez les brisures de meringue.

variante

Remplacez les brisures de meringue par des cubes de citron confit.

truc de glacier

Ajoutez 5 cl de crème de cassis. En plus de renforcer le goût, l'alcool améliorera la texture du sorbet.

Sorbet litchi-rose

coût moyen • facile à réaliser • préparation : 10 min • cuisson : 5 min • congélation : selon votre appareil • pour 4 personnes (environ 1 l)

1 casserole - 1 saladier
1 mixeur plongeant
1 passoire fine
1 sorbetière
(ou turbine à glace)

650 g de litchis au sirop
5 cl de sirop à la rose
80 g de sucre
10 cl d'eau

Retirez si nécessaire les noyaux des litchis. Dans une casserole, portez à ébullition l'eau avec le sucre. Laissez refroidir le sirop, puis ajoutez les litchis.

Mixez, puis filtrez à travers une passoire fine. Ajoutez le sirop de rose. Laissez refroidir.

Versez la préparation dans votre sorbetière, que vous utiliserez selon le mode d'emploi.

Sorbet melon-verveine

bon marché • facile à réaliser • préparation : 15 min • infusion : 10 min • cuisson : 5 min • congélation : selon votre appareil • pour 4 personnes (environ 1 l)

1 casserole - 1 saladier
1 mixeur plongeant
1 passoire fine
1 sorbetière
(ou turbine à glace)

1 melon
1 petit bouquet de verveine
130 g de sucre
le jus d'1/2 citron vert
12,5 cl d'eau

Coupez le melon en 2, retirez les pépins et la peau. Coupez la chair en cubes. Prélevez 500 g. Lavez la verveine, récupérez les feuilles.

Dans une casserole, portez à ébullition l'eau avec le sucre, ajoutez la moitié de la verveine. Laissez infuser pendant 10 minutes, retirez les feuilles de verveine puis versez sur les cubes de melon. Mixez, puis passez à travers une passoire fine. Ajoutez le jus de citron. Laissez refroidir. Incorporez le restant de verveine préalablement ciselée.

Versez la préparation dans votre sorbetière, que vous utiliserez selon le mode d'emploi.

Sorbet à la betterave et aux framboises

bon marché • facile à réaliser • préparation : 15 min • cuisson : 5 min • congélation : selon votre appareil • pour 4 personnes (environ 1 l)

1 casserole
1 saladier
1 mixeur plongeant
1 passoire fine
1 sorbetière
(ou turbine à glace)

1 petite betterave crue
250 g de framboises
le jus d'1/2 citron jaune
110 g de sucre
23 cl d'eau

1 Lavez la betterave, épluchez-la puis coupez-la en cubes. Prélevez-en 270 g.

2 Dans une casserole, portez à ébullition l'eau avec le sucre. Laissez refroidir.

3 Mixez la betterave avec les framboises, ajoutez le sirop froid ainsi que le jus de citron. Mixez à nouveau, puis passez à travers une passoire fine.

4 Versez la préparation dans votre sorbetière, que vous utiliserez selon le mode d'emploi.

variante

Ajoutez 1 cuillerée à soupe de vinaigre balsamique.

truc de glacier

Ajoutez 2 feuilles de gélatine (préalablement trempées dans de l'eau froide) dans le sirop afin d'améliorer la texture du sorbet.

Glace à la verveine

bon marché • facile à réaliser • préparation : 15 min • infusion : 10 min • cuisson : 10 min • congélation : selon votre appareil • pour 4 personnes (environ 1 l)

1 casserole - 1 saladier
1 passoire fine
1 fouet
1 mixeur plongeant
1 sorbetière
(ou turbine à glace)

50 cl de lait
10 cl de crème liquide
1 bouquet de verveine fraîche
5 jaunes d'œufs
110 g de sucre

Portez le lait à ébullition avec la moitié du sucre. Ajoutez les feuilles de verveine. Laissez infuser pendant au moins 10 minutes. Mixez. Filtrez à travers une passoire fine de manière à retirer les feuilles de verveine.

Dans un saladier, battez les jaunes d'œufs avec le restant du sucre.
Remettez la casserole sur le feu et, lorsque le lait est bouillant, versez-le sur la préparation œufs-sucre. Remettez le tout sur feu doux et remuez jusqu'à ce que le mélange épaississe (attention à ne pas faire bouillir). Versez dans un saladier, ajoutez la crème, mixez. Laissez refroidir.

Versez la préparation dans votre sorbetière, que vous utiliserez selon le mode d'emploi.

Sorbet rhubarbe-fraise

bon marché • facile à réaliser • préparation : 15 min • cuisson : 20 min • congélation : selon votre appareil • pour 4 personnes (environ 1 l)

2 casseroles - 1 saladier
1 mixeur plongeant
1 passoire fine
1 sorbetière
(ou turbine à glace)

350 g de rhubarbe
200 g de fraises
20 cl d'eau
150 g de sucre
le jus d'1/2 citron jaune

Lavez et équeutez les fraises. Épluchez les tiges de rhubarbe.
Dans une casserole, faites compoter à feu doux la rhubarbe avec la moitié du sucre pendant 10 minutes, puis ajoutez les fraises et continuez de faire cuire pendant encore 10 minutes.

Dans une autre casserole, portez à ébullition l'eau avec le restant de sucre, versez sur la compotée. Mixez, puis passez à travers une passoire fine. Ajoutez le jus de citron. Laissez refroidir.

Versez la préparation dans votre sorbetière, que vous utiliserez selon le mode d'emploi.

Sorbet banane-cacahuète

bon marché • facile à réaliser • préparation : 15 min • cuisson : 5 min • congélation : selon votre appareil • pour 4 personnes (environ 1 l)

1 casserole
1 saladier
1 mixeur
1 passoire fine
1 sorbetière (ou turbine à glace)

4 bananes mûres
2 c. à s. de beurre de cacahuète
20 cl d'eau
110 g de sucre

1 Épluchez les bananes, coupez-les en rondelles. Prélevez 500 g et disposez-les dans la cuve du mixeur.

2 Portez à ébullition l'eau avec le sucre. Versez sur les bananes, mixez.

3 Incorporez le beurre de cacahuète et mélangez.

4 Versez la préparation dans votre sorbetière, que vous utiliserez selon le mode d'emploi.

variante

Rajoutez des cacahuètes hachées sur vos glaces, ou dans la préparation avant de verser dans la sorbetière.

truc de glacier

Remplacez la moitié du sucre par du glucose, il a un pouvoir anti-cristallisant.

Glace aux pralines

coût moyen • facile à réaliser • préparation : 15 min • cuisson : 10 min • congélation : selon votre appareil • pour 4 personnes (environ 1 l)

1 casserole
1 saladier - 1 fouet
1 mixeur plongeant
1 sorbetière (ou turbine à glace)

50 cl de lait
10 cl de crème liquide
200 g de pralines roses
4 jaunes d'œufs
80 g de sucre

Portez le lait à ébullition avec la crème et la moitié du sucre. Hachez les pralines en petits morceaux.

Dans un saladier, battez les jaunes d'œufs avec le restant du sucre.
Lorsque le lait est bouillant, versez-le sur la préparation œufs-sucre. Remettez le tout sur feu doux et remuez jusqu'à ce que le mélange épaississe (attention à ne pas faire bouillir). Versez dans un saladier, ajoutez les pralines, mixez. Laissez refroidir.

Versez la préparation dans votre sorbetière, que vous utiliserez selon le mode d'emploi.

Glace au spéculoos

bon marché • facile à réaliser • préparation : 15 min • cuisson : 10 min • congélation : selon votre appareil • pour 4 personnes (environ 1 l)

1 casserole
1 saladier - 1 fouet
1 mixeur plongeant
1 sorbetière (ou turbine à glace)

100 g de pâte de spéculoos
50 cl de lait
10 cl de crème liquide
6 jaunes d'œufs
100 g de sucre

Portez le lait à ébullition avec la moitié du sucre. Dans un saladier, battez les jaunes d'œufs avec le restant du sucre.

Lorsque le lait est bouillant, versez-le sur le mélange œufs-sucre. Remettez le tout sur feu doux et remuez jusqu'à ce que le mélange épaississe (attention à ne pas faire bouillir). Versez dans un saladier, ajoutez la crème ainsi que la pâte de spéculoos, mixez. Laissez refroidir.

Versez la préparation dans votre sorbetière, que vous utiliserez selon le mode d'emploi.

Sorbet yaourt-basilic

bon marché • facile à réaliser • préparation : 15 min • cuisson : 5 min • congélation : selon votre appareil • pour 4 personnes (environ 1 l)

1 casserole
1 saladier
1 mixeur plongeant
1 passoire fine
1 sorbetière (ou turbine à glace)

5 yaourts nature
10 cl de lait
5 cl d'eau
125 g de sucre
le jus d'1/2 citron vert
1 bouquet de basilic

1. Lavez le basilic, prélevez une cinquantaine de feuilles.
2. Dans une casserole, portez l'eau et le sucre à ébullition. Laissez refroidir ce sirop.
3. Une fois que le sirop est froid, ajoutez les yaourts, le lait, le jus de citron vert puis les feuilles de basilic. Mixez. Filtrez à travers une passoire fine afin de retirer les petits morceaux de basilic restant.
4. Versez la préparation dans votre sorbetière, que vous utiliserez selon le mode d'emploi.

variante

Ajoutez un trait d'huile d'olive citronnée.

truc de glacier

L'addition d'1 demi-cuillerée à café de gomme de caroube limitera la formation de cristaux et retardera la fonte de la glace.

Sorbet au fromage blanc citronné

bon marché • facile à réaliser • préparation : 15 min • cuisson : 5 min • congélation : selon votre appareil • pour 4 personnes (environ 1 l)

1 casserole - 1 saladier
1 zesteur - 1 presse-agrumes
1 mixeur - 1 sorbetière (ou turbine à glace)

300 g de fromage blanc
1 citron jaune bio
20 cl de lait
150 g de sucre
20 cl d'eau

Dans une casserole, portez à ébullition le lait avec l'eau et le sucre. Versez dans un saladier, laissez refroidir. Lavez le citron, puis prélevez les zestes et le jus.

Hachez finement les zestes. Une fois que le sirop est froid, ajoutez le jus de citron, puis le fromage blanc. Mixez, incorporez ensuite les zestes du citron.

Versez la préparation dans votre sorbetière, que vous utiliserez selon le mode d'emploi.

Sorbet au lait pamplemousse-vanille

bon marché • facile à réaliser • préparation : 15 min • infusion : 10 min • cuisson : 5 min • congélation : selon votre appareil • pour 4 personnes (environ 1 l)

1 casserole - 1 saladier
1 mixeur plongeant
1 passoire fine
1 sorbetière (ou turbine à glace)

25 cl de jus de pamplemousse
25 cl de lait
225 g de sucre
1 gousse de vanille
12,5 cl d'eau

Fendez en 2 la gousse de vanille, puis grattez-la. Dans une casserole, portez à ébullition l'eau, le lait, le sucre et la vanille. Laissez infuser pendant 10 minutes, puis retirez la gousse de vanille. Refroidissez le tout.

Une fois que le sirop à la vanille est froid, ajoutez le jus de pamplemousse, mixez, puis filtrez à travers une passoire fine.

Versez la préparation dans votre sorbetière, que vous utiliserez selon le mode d'emploi.

Sorbet piña colada

coût moyen • facile à réaliser • préparation : 15 min • cuisson : 5 min • congélation : selon votre appareil • pour 4 personnes (environ 1 l)

1 casserole
1 saladier
1 presse-agrumes
1 mixeur plongeant
1 passoire fine
1 sorbetière (ou turbine à glace)

1/2 ananas
15 cl de lait de coco
5 cl de rhum blanc
1 citron vert
100 g de sucre
20 cl d'eau

1 Pressez le citron.

2 Retirez la peau de l'ananas, enlevez le cœur, puis coupez-le en morceaux. Mixez l'ananas avec le lait de coco et le jus du citron vert.

3 Portez l'eau et le sucre à ébullition. Laissez refroidir ce sirop, puis ajoutez-le avec le rhum à la purée d'ananas. Mixez puis filtrez à travers une passoire fine.

4 Versez la préparation dans votre sorbetière, que vous utiliserez selon le mode d'emploi. Servez dans un ananas, par exemple.

variante

Remplacez la moitié du rhum blanc par du rhum ambré.

truc de glacier

Pour plus d'onctuosité, mélangez au sucre 1 cuillerée à café de stabilisateur pour glace et sorbet (vous trouverez ce produit en magasin pour professionnels, ou demandez-en un peu à votre pâtissier ou glacier).

Banana split à ma façon

coût moyen • facile à réaliser • préparation : 15 min • cuisson : 5 min • pour 4 personnes

3 poches à douille
1 casserole
1 fouet
4 coupes allongées

12 bananes frecinettes (mini-bananes)

4 boules de glace vanille (p. 8)

4 boules de glace chocolat (p. 6)

4 boules de sorbet fraise (p. 18)

1 bombe de crème Chantilly

quelques amandes effilées

Pour la sauce au chocolat :

100 g de chocolat noir

10 cl de crème liquide

2 cl de lait

1 Réalisez la sauce au chocolat : faites fondre le chocolat. Faites chauffer le lait et la crème, puis versez petit à petit sur le chocolat fondu, mélangez.

2 Retirez la peau des bananes, coupez-les en 2 dans le sens de la longueur. Remplissez les 3 poches à douille avec les 3 glaces différentes.

3 Formez un boudin de glace à la vanille sur 4 demi-bananes, refermez avec 4 autres demi-bananes, renouvelez l'opération avec la glace au chocolat et le sorbet à la fraise.

4 Faites griller les amandes effilées dans une poêle à sec. Versez la sauce au chocolat au fond des assiettes à dessert, posez dans chacune une banane de chaque parfum. Formez de jolies rosaces de chantilly de long des fruits, parsemez d'amandes effilées.

variante

Faites caraméliser les bananes dans une poêle avec un peu de beurre et de sucre, puis faites-les refroidir avant de les déposer sur les glaces.

truc de glacier

Ne conservez jamais les bananes au réfrigérateur : au froid, elles s'assèchent en eau à cause de la dégradation de leurs tissus et vont donc noircir.

Belle-Hélène à ma façon

bon marché • délicat à réaliser • préparation : 15 min • cuisson : 15 min • pour 4 personnes

2 casseroles
1 fouet - 1 grille
1 emporte-pièce
4 petites assiettes

4 poires
250 g de sucre
1 gousse de vanille
4 boules de glace vanille (p. 8)
100 g d'amandes effilées
1 l d'eau

Pour le glaçage au chocolat :
100 g de chocolat noir
10 cl de crème
20 g de beurre

1 Détaillez les poires en cylindres à l'aide d'un emporte-pièce puis évidez le cœur. Portez à ébullition l'eau, le sucre et la gousse de vanille fendue en 2 et grattée, ajoutez les cylindres de poires. Faites cuire à feu doux pendant environ 10 minutes. Égouttez les poires.

2 Réalisez le glaçage au chocolat : faites fondre le chocolat. Portez la crème à ébullition, versez sur le chocolat fondu, incorporez le beurre.

3 Sur une grille, nappez partiellement les cylindres de poires avec la sauce au chocolat. Disposez-les sur de petites assiettes.

4 Faites griller les amandes effilées dans une poêle à sec. Roulez les boules de glace vanille dans les amandes effilées, placez-les sur les poires, servez immédiatement.

variante

Remplacez la glace à la vanille par de la glace à la noisette (ou aux pralines, recette p. 40).

truc de glacier

Utilisez des poires williams, comice ou beurré Hardy, ces variétés de poires se « tiennent » bien après cuisson.

Coupes melba

coût moyen • délicat à réaliser • préparation : 15 min • cuisson : 15 min • congélation : 15 min • pour 4 personnes

2 casseroles
1 saladier
1 fouet - 1 grille
4 verres à cocktail

4 pêches jaunes

1 gousse de vanille

250 g de gelée de groseilles

quelques amandes bâtons

4 boules de sorbet à la framboise (variante de la recette p. 18)

200 g de sucre

1 l d'eau - glaçons

1 Placez les verres à cocktail au congélateur. Portez une casserole d'eau à ébullition, ébouillantez les pêches pendant 30 à 40 secondes, puis refroidissez-les immédiatement dans un saladier d'eau froide avec des glaçons. Retirez la peau des pêches.

2 Dans une autre casserole, portez à ébullition l'eau avec le sucre et la gousse de vanille fendue en 2 et grattée. Faites cuire les pêches dans ce sirop pendant 6 à 8 minutes, puis égouttez-les.

3 Placez les pêches sur une grille, puis pendant 15 minutes au congélateur afin qu'elles soient bien froides. Sortez-les du congélateur et nappez-les de gelée de groseilles.

4 Garnissez le fond des verres avec le sorbet à la framboise. Au moment de servir, disposez les pêches dans les verres, décorez avec les amandes.

variante

Remplacez le sorbet à la framboise par le sorbet cassis aux brisures de meringue (recette p. 32).

truc de glacier

Retirez le noyau des pêches après cuisson à l'aide de ciseaux : pincez le noyau, tournez d'un quart de tour, puis tirez le noyau vers vous.

Profiteroles à la framboise, sauce chocolat blanc

coût moyen • facile à réaliser • préparation : 15 min • cuisson : 25 min • pour 4 personnes

1 saladier - 2 casseroles
1 plaque - 1 spatule
1 pinceau
papier sulfurisé
1 poche à douille moyenne

60 cl de sorbet framboise (variante de la recette p. 16), soit 12 boules

quelques amandes effilées grillées

Pour la pâte à choux :

25 cl d'eau - 4 œufs - 125 g de beurre - 1 cuil. à café de sel - 1 cuil. à soupe de sucre - 150 g de farine

Pour la sauce chocolat blanc :

100 g de chocolat blanc - 10 cl de lait

1 Préchauffez le four à 160 °C (th. 5/6). Dans une casserole, portez à ébullition l'eau avec le beurre, le sucre et le sel. Ajoutez la farine en une seule fois, mélangez vigoureusement, desséchez la pâte quelques secondes, elle doit se détacher des parois de la casserole.

2 Incorporez les œufs un par un à la spatule. Sur une plaque recouverte de papier sulfurisé, formez de petites boules à l'aide d'une poche à douille. Lissez les choux au pinceau avec un peu d'eau afin de leur donner une forme bien régulière. Faites-les cuire au four pendant 20 minutes environ. Laissez refroidir.

3 Réalisez la sauce au chocolat blanc : faites fondre le chocolat blanc. Portez le lait à ébullition, puis versez-le petit à petit sur le chocolat fondu.

4 Découpez les choux aux 3/4. Garnissez-les de sorbet framboise, nappez-les de sauce au chocolat blanc. Décorez avec quelques amandes effilées grillées et servez immédiatement.

variante

Ajoutez un peu de confiture de rose dans la sauce au chocolat blanc.

truc de glacier

Pour réaliser un joli décor au fond de l'assiette, étalez du coulis de framboise mélangé à de la confiture sur un papier sulfurisé, placez le tout au congélateur pendant 1 heure, puis détaillez des disques avec un emporte-pièce. Placez un disque au fond de l'assiette.

Macarons glacés aux fruits exotiques

coût moyen • facile à réaliser • préparation : 20 min • repos : 20 min • cuisson : 15 à 18 min • pour 6 personnes

2 saladiers
1 mixeur
1 poche à douille
1 plaque
papier sulfurisé

6 boules de sorbet mangue-passion (recette p. 26)

1/2 mangue

1 papaye

sucre glace pour le décor

Pour les macarons :

100 g de poudre d'amandes

150 g de sucre glace

2 blancs d'œufs

50 g de sucre

3 gouttes de colorant jaune

1 Mixez la poudre d'amandes avec le sucre glace. Dans un saladier, montez les blancs d'œufs en neige, puis ajoutez petit à petit le sucre et le colorant. Incorporez délicatement le précédent mélange aux blancs en neige. Préchauffez le four à 150 °C (th. 5).

2 À l'aide d'une poche à douille, réalisez, sur une plaque à four recouverte de papier sulfurisé, des boules de 5 cm de diamètre. Tapotez légèrement la plaque de manière à aplatir les boules, laissez-les sécher (« croûter ») à l'air libre pendant 20 minutes avant de les faire cuire au four pendant 15 à 18 minutes.

3 Une fois que les macarons ont refroidi, décollez-les de la plaque. Épluchez la demi-mangue et la papaye, taillez-les en jolis quartiers.

4 Retournez 6 coques de macaron, disposez une boule de sorbet mangue-passion au centre de chaque coque. Décorez avec les fruits, refermez avec une autre coque. Saupoudrez légèrement de sucre glace.

variante

Réalisez un macaron à la pistache en remplaçant la moitié de la poudre d'amande par de la poudre de pistache.
Vous pouvez remplacer la papaye par une goyave.

truc de pâtissier

Pour obtenir de beaux macarons, laissez la porte du four légèrement entrouverte de manière à laisser s'échapper l'humidité, qui pourrait faire craqueler les macarons.

Charlotte glacée citron-framboise

coût moyen • facile à réaliser • préparation : 15 min • cuisson : 5 min • congélation : 3 h • pour 4 personnes

1 casserole
1 fouet
1 moule à charlotte

30 biscuits à la cuiller

50 cl de sorbet au citron (recette p. 20)

200 g de framboises fraîches

25 cl de coulis de framboises

2 cl d'eau-de-vie de framboise

1 bombe de crème Chantilly

Pour le sirop :

5 cl d'eau-de-vie de framboise

100 g de sucre

30 cl d'eau

1 Réalisez le sirop : dans une casserole, portez à ébullition l'eau avec le sucre, puis ajoutez l'eau-de-vie de framboise et mélangez. Imbibez légèrement les biscuits à la cuiller dans ce sirop.

2 Tapissez le moule à charlotte avec les biscuits imbibés. Mélangez le coulis de framboise avec l'eau-de-vie. Versez une fine couche de ce coulis dans le moule, ajoutez une couche de sorbet citron. Placez le moule au congélateur pendant 20 minutes.

3 Renouvelez l'opération 2 fois. Pour finir, placez le moule au congélateur pendant au moins 2 heures.

4 Au moment de servir, démoulez et décorez avec de la chantilly et des framboises fraîches.

variante

Remplacez le sorbet citron par de la glace à la verveine (recette p. 38).

truc de glacier

Réalisez vous-même la chantilly : fouettez 25 cl de crème fleurette bien froide avec 25 g de sucre et les graines d'1 gousse de vanille (ou utilisez un siphon).

Éclairs glacés au chocolat

bon marché • délicat à réaliser • préparation : 20 min • cuisson : 25 min • pour 4 personnes

1 saladier
1 spatule
1 casserole
1 plaque - 1 pinceau
papier sulfurisé
1 poche à douille (avec 1 douille unie et 1 douille cannelée)

50 cl de glace au chocolat (recette p. 6)
cacao en poudre

Pour la pâte à choux :
4 œufs
150 g de farine
125 g de beurre
1 cuil. à café de sel
1 cuil. à soupe de sucre

1 Préchauffez le four à 160 °C (th. 5/6).

2 Dans une casserole, portez à ébullition 25 cl d'eau avec le beurre, le sucre et le sel. Ajoutez la farine en une seule fois, mélangez vigoureusement, desséchez la pâte quelques secondes, elle doit se détacher des parois de la casserole. Incorporez les œufs un par un à la spatule. Sur une plaque recouverte de papier sulfurisé, formez des boudins de 15 cm de long à l'aide d'une poche à douille unie. Lissez les éclairs au pinceau avec un peu d'eau.

3 Enfournez pour 20 minutes environ. Laissez refroidir.

4 Découpez les éclairs aux 3/4 de la hauteur. Disposez la glace au chocolat dans la poche munie de la douille cannelée. Garnissez les éclairs. Replacez les « chapeaux ». Conservez au congélateur et saupoudrez de cacao en poudre juste avant de servir.

variante

Disposez successivement dans la poche à douille un peu de glace vanille et un peu de glace au chocolat afin de réaliser un marbrage.

truc de pâtissier

Avant d'enfourner, placez la plaque avec la pâte à choux crue pendant 10 minutes au congélateur, les choux gonfleront mieux.

Tiramisus glacés

coût peu élevé • facile à réaliser • préparation : 15 min • cuisson : 5 min • congélation : 2 h • pour 4 personnes

2 casseroles
2 saladiers
1 fouet
4 verrines

4 sablés bretons

cacao en poudre pour le décor

Pour le caramel au café :

10 cl de crème fleurette

2 cuil. à café de café soluble

100 g de sucre

Pour la mousse :

100 g de mascarpone

20 cl de crème liquide

50 g de sucre

3 jaunes d'œufs

1. Confectionnez le caramel au café : portez la crème à ébullition, ajoutez le café soluble et mélangez. Dans une autre casserole, versez le sucre, faites-le cuire jusqu'à ce qu'il forme un caramel, puis ajoutez petit à petit la crème chaude, portez de nouveau le tout à ébullition. Laissez refroidir.

2. Réalisez la mousse : dans un saladier, montez la crème liquide en chantilly à l'aide d'un fouet. Réservez au frais. Dans un autre saladier, fouettez les jaunes d'œufs avec le sucre jusqu'à ce que le mélange double de volume. Mélangez avec le mascarpone, puis ajoutez délicatement la crème montée en chantilly.

3. Dans les verrines, disposez une couche de mousse, puis une fine couche de sauce au café, renouvelez l'opération 2 fois. Placez au congélateur au moins 2 heures.

4. Au moment de servir, saupoudrez chaque verrine de brisures de sablés, puis de cacao.

variante

Dans la sauce, remplacez la crème et le café par du jus de fruits de la passion et 1 gousse de vanille, pour un tiramisu exotique.

truc de glacier

Sortez les verrines du congélateur 10 à 15 minutes avant de servir, de manière à ce que la mousse ne soit pas trop dure ; vous apprécierez d'autant plus ces verrines à une température moins froide.

design by Caroline Lisfranc

Meringue surprise

coût moyen • délicat à réaliser • préparation : 15 min • cuisson : 1 h • pour 4 personnes

2 saladiers (dont 1 allant au four)
1 poche à douille
1 fouet - 1 plaque
1 batteur électrique
papier sulfurisé

4 boules de sorbet fraise (recette p. 18)
4 boules de sorbet pêche (p. 22)
1 barquette de fraises
1 barquette de framboises
1 barquette de myrtilles
huile
200 g de noix de coco râpée

Pour la meringue :
4 blancs d'œufs
300 g de sucre

1. Passez tous les fruits rapidement sous l'eau et séchez-les. Préchauffez le four à 100 °C (th. 3/4). Huilez légèrement l'extérieur d'un saladier.

2. Dans un autre saladier, montez les blancs d'œufs en neige, puis ajoutez petit à petit le sucre tout en continuant de fouetter. Remplissez la poche à douille de meringue, puis formez un disque de la taille du saladier sur une plaque à four recouverte de papier sulfurisé. Recouvrez le saladier huilé de meringue en partant de la base et en formant une spirale. Recouvrez de noix de coco râpée.

3. Faites cuire la meringue pendant au moins 1 heure au four. Sortez du four et laissez refroidir. Sur le disque de meringue, disposez les boules de glace et décorez avec les fruits rouges.

4. « Clochez » avec le dôme de meringue. Servez !

variante

Ajoutez 50 g de poudre de noisette dans la meringue pour lui donner plus de parfum.

truc de pâtissier

Pour une meringue plus légère, remplacez la moitié du sucre par du sucre glace tamisé.

Mystères

coût peu élevé • facile à réaliser • préparation : 15 min • cuisson : 5 min • congélation : 2 h • pour 4 personnes

1 moule en silicone (avec 4 empreintes minimum)
2 casseroles
1 grille

50 cl de glace à la vanille (recette p. 8)
150 g de pralin (ou brisures de noisettes caramélisées)
4 petites meringues

Pour la sauce caramel :
100 g de sucre
1 gousse de vanille
10 cl de crème liquide

1 Remplissez les empreintes du moule en silicone avec de la glace à la vanille, insérez 1 meringue sur chacune et placez le moule au congélateur pendant au moins 2 heures.

2 Réalisez la sauce caramel : faites chauffer la crème avec la gousse de vanille fendue en 2 et grattée. Dans une autre casserole, faites chauffer le sucre pour le faire caraméliser. Retirez la gousse de vanille, puis versez petit à petit la crème sur le caramel. Portez à ébullition. Laissez refroidir.

3 Démoulez les glaces à la vanille, disposez-les sur une grille, puis nappez-les avec la sauce caramel tiède et parsemez de pralin.

4 Réservez au congélateur jusqu'au moment de servir.

variante

Utilisez un sorbet à la framboise (variante de la recette p. 16), réalisez un caramel à base de sirop de violette (à la place du sucre), parsemez de quelques brisures de bonbons à la violette et décorez avec des framboises fraîches.

truc de pâtissier

Réalisez vous-même les noisettes caramélisées : portez à ébullition 5 cl d'eau avec 100 g de sucre, ajoutez 300 g de noisettes torréfiées, mélangez jusqu'à la caramélisation. Incorporez un petit bout de beurre à la fin, afin que les noisettes ne collent pas entre elles. Mixez-les grossièrement.

Soufflés glacés à la barbe à papa

bon marché • facile à réaliser • préparation : 15 min • cuisson : 2 min • congélation : 2 h • pour 4 personnes

2 saladiers
1 fouet - 1 casserole
1 batteur électrique
papier sulfurisé
1 spatule
4 petits ramequins à soufflé

100 g de sucre à barbe à papa (+ pour le décor)
30 cl de crème fleurette
3 blancs d'œufs
50 g de sucre
2 feuilles de gélatine (4 g)

1 Faites tremper les feuilles de gélatine dans un grand volume d'eau froide. Montez 25 cl de crème liquide en chantilly à l'aide d'un fouet.

2 Dans un saladier, montez les blancs d'œufs en neige, puis versez petit à petit le sucre. Incorporez ensuite le sucre à barbe à papa.

3 Faites chauffer le restant de crème, ajoutez la gélatine essorée, mélangez. Intégrez aux blancs d'œufs montés en neige. Incorporez ensuite la crème Chantilly.

4 Placez des bandes de papier sulfurisé à l'intérieur des ramequins (de 3 cm plus haut que les moules). Garnissez les soufflés à hauteur des papiers sulfurisés. Lissez si besoin avec une spatule. Placez les soufflés au moins 2 heures au congélateur. Au moment de servir, retirez les bandes de papier sulfurisé et saupoudrez de sucre à barbe à papa.

variante

Ajoutez 1 cuillerée à soupe de confiture de fraises dans chaque soufflé.

truc de glacier

Vous pouvez remplacer les bandes de papier sulfurisé par des cercles en inox, que vous placerez par-dessus les moules. Il vous suffira simplement de les chauffer pour les retirer au moment de servir.

Vacherin fraise-champagne

coût moyen • facile à réaliser • préparation : 15 min • cuisson : 2 min • congélation : 2 h • pour 4 personnes

2 saladiers
1 fouet - 1 mixeur
1 casserole
1 batteur électrique
1 passoire fine
1 moule à charlotte

250 g de fraises
15 cl de champagne
20 petites meringues
2 feuilles de gélatine (4 g)
3 blancs d'œufs
120 g de sucre
20 cl de crème liquide

Pour la décoration :
1 bombe de crème Chantilly
quelques fraises
1 dizaine de petites meringues

1 Trempez les feuilles de gélatine dans un grand volume d'eau froide. Montez la crème liquide en chantilly. Réservez-la au frais.

2 Lavez les fraises, équeutez-les, puis mixez-les avec le champagne et filtrez à travers une passoire fine. Faites chauffer une petite partie du coulis avec la gélatine essorée afin de la dissoudre. Mélangez de nouveau l'ensemble.

3 Montez les blancs d'œufs en neige, versez petit à petit le sucre. Incorporez-les délicatement au coulis de fraises, puis ajoutez petit à petit la crème Chantilly.

4 Versez la mousse dans le moule. Terminez par une couche de petites meringues. Faites prendre au congélateur pendant au moins 2 heures, démoulez, puis recouvrez de chantilly. Décorez avec des fraises et de petites meringues.

variante

Vous pouvez remplacer les fraises par de la rhubarbe cuite, pour un rendu plus original.

truc de glacier

Recouvrez les meringues d'une fine couche de chocolat blanc afin de les protéger contre l'humidité ; elles garderont ainsi leur croustillant.

Vacherins tout chocolat

coût moyen • délicat à réaliser • préparation : 25 min • cuisson : 1 h • pour 4 personnes

2 saladiers
1 économe - 1 tamis
1 batteur électrique
1 poche à douille large
1 plaque
papier sulfurisé
1 grille

8 boules de glace au chocolat (recette p. 6)
200 g de chocolat noir
1 cuil. à soupe d'huile

Pour la meringue :
3 blancs d'œufs
100 g de sucre
80 g de sucre glace
20 g de cacao

1 Préchauffez le four à 100 °C (th. 3/4). Préparez la meringue : tamisez le sucre glace avec le cacao. Dans un saladier, montez les blancs d'œufs en neige, puis versez petit à petit le sucre. Incorporez le sucre glace au cacao.

2 À l'aide de la poche à douille, formez 4 grosses meringues sur une plaque à four préalablement recouverte de papier sulfurisé. Enfournez pour 25 minutes environ. À l'aide d'une cuillère à café humide, creusez le dessous des meringues, puis remettez-les au four pendant encore 35 minutes Laissez refroidir.

3 Garnissez les meringues de glace au chocolat. Placez-les au congélateur.

4 À l'aide d'un couteau Économe, réalisez des copeaux avec la moitié du chocolat. Faites fondre le reste au four à micro-ondes, mélangez-le avec l'huile. Placez les vacherins sur une grille, nappez-les de chocolat fondu tiède, recouvrez-les immédiatement avec les copeaux de chocolat. Servez.

variante

Remplacez la moitié des copeaux de chocolat noir par des copeaux de chocolat blanc, pour un vacherin en noir et blanc.

truc de glacier

Nappez les vacherins un à un avec le chocolat légèrement chaud (50 °C) afin d'avoir le temps de les recouvrir avec les copeaux avant que le chocolat ne durcisse.

Citrons givrés

bon marché • facile à réaliser • préparation : 30 min • cuisson : 1 h 10 • congélation : 30 min • pour 4 personnes

1 casserole
1 fouet
1 couteau

4 citrons jaunes bio

1 l d'eau

500 g de sucre

8 boules de sorbet au citron (recette p. 20), soit 40 cl

4 petites meringues

1 Lavez les citrons, coupez leur base (jetez-la) et un chapeau à l'autre extrémité. À l'aide d'un petit couteau, incisez l'intérieur du citron, de manière à enlever toute la pulpe.

2 Placez les citrons (avec les chapeaux) dans une casserole, recouvrez-les d'eau froide, portez à ébullition et égouttez-les. Renouvelez l'opération 2 fois, cela sert à ôter l'amertume.

3 Versez le sucre et l'eau dans la casserole, portez à ébullition, ajoutez les citrons, laissez-les confire à feu doux pendant 1 heure environ. Retirez les citrons, laissez refroidir, puis placez-les au congélateur pendant au moins 30 minutes.

4 Placez 1 meringue dans le fond de chaque citron, garnissez de sorbet citron, puis remettez les chapeaux.

variante

Ajoutez 1 cuillerée à soupe de confiture de cassis au fond de chaque citron.

truc de pâtissier

Réalisez vous-même les meringues : montez 2 blancs d'œufs en neige, puis ajoutez petit à petit 120 g de sucre. Dressez de petites boules à l'aide d'une poche à douille sur une plaque à four recouverte de papier sulfurisé. Enfournez à 100 °C (th. 3/4) pendant 1 heure environ.

Granités mojito

coût moyen • facile à réaliser • préparation : 15 min • infusion : 10 min • cuisson : 5 min • congélation : 3 h • pour 4 personnes

1 casserole - 1 saladier
1 zesteur - 1 presse-agrumes
1 mixeur - 1 passoire fine
1 récipient large - 1 fourchette
1 fouet - 4 verres tumbler

1 citron vert
20 cl de rhum blanc
1 bouquet de menthe
100 g de sucre
50 cl d'eau
sirop à la menthe

Lavez le citron vert. Prélevez les zestes et le jus. Portez l'eau à ébullition avec le sucre et les zestes du citron. Laissez infuser pendant 10 minutes, retirez les zestes de ce sirop.

Lavez la menthe, prélevez une cinquantaine de feuilles. Mixez-les avec le sirop, filtrez à travers une passoire fine. Ajoutez le rhum et le jus du citron, mélangez. Versez dans un récipient large. Placez au congélateur pour 3 heures. Toutes les 30 minutes, grattez la préparation à l'aide d'une fourchette jusqu'à l'obtention d'un mélange pailleté et stable.

Servez dans des verres bien froids, versez au fond de chaque verre 1 trait de sirop de menthe, ajoutez le granité, décorez d'un petit bouquet de menthe.

Granités tequila sunrise

coût moyen • facile à réaliser • préparation : 15 min • infusion : 10 min • cuisson : 5 min • congélation : 3 h • pour 4 personnes

1 saladier - 1 casserole
1 fouet - 1 zesteur
1 récipient large - 1 fourchette
4 verres à cocktail

50 cl de jus d'orange
1 citron bio - 1 orange bio
20 cl de tequila
100 g de sucre
sirop de grenadine

Lavez le citron et l'orange. Prélevez les zestes. Portez la moitié du jus d'orange à ébullition avec le sucre et les zestes. Laissez infuser pendant 10 minutes, retirez les zestes. Ajoutez la tequila, et le restant du jus d'orange, mélangez.

Versez dans un récipient large. Placez au congélateur pour 3 heures. Toutes les 30 minutes, grattez la préparation à l'aide d'une fourchette jusqu'à l'obtention d'un mélange pailleté et stable.

Servez dans des verres bien froids : versez au fond de chaque verre 1 trait de sirop de grenadine, ajoutez le granité, décorez d'1 tranche d'orange.

Sorbet ricotta-basilic

coût moyen • facile à réaliser • préparation : 15 min • cuisson : 5 min • congélation : selon votre appareil • pour 4 personnes

1 casserole
1 saladier
1 mixeur plongeant
1 passoire fine
1 sorbetière (ou turbine à glace)

300 g de ricotta
1 bouquet de basilic
50 cl d'eau
1 cuil. à soupe de sucre
2 pincées de sel
1 pincée de poivre

1 Lavez le basilic, prélevez une cinquantaine de feuilles.

2 Dans une casserole, portez à ébullition l'eau avec le sucre et le sel. Versez sur la ricotta, mixez. Laissez refroidir.

3 Une fois que le mélange précédent est froid, ajoutez les feuilles de basilic et le poivre, puis mixez à nouveau. Filtrez à travers une passoire fine. Goûtez la préparation, assaisonnez si besoin.

4 Versez la préparation dans votre sorbetière, que vous utiliserez selon le mode d'emploi.

variante

Vous pouvez remplacer un tiers de la ricotta par du parmesan.

truc de cuisinier

Si vous ne disposez pas de sorbetière, placez la préparation dans la cuve d'un mixeur, puis placez-la au congélateur. Mixez 30 secondes toutes les 30 minutes jusqu'à l'obtention d'un sorbet.

Sorbet à l'avocat

coût moyen • facile à réaliser • préparation : 15 min • cuisson : 2 min • congélation : selon votre appareil • pour 4 personnes

1 casserole - 1 saladier
1 mixeur - 1 passoire fine
1 sorbetière (ou turbine à glace)

4 avocats bien mûrs
le jus d'1 citron vert
30 cl d'eau
2 cuil. à soupe de sucre
2 pincées de sel

Retirez la peau des avocats puis coupez-les en 2. Ôtez les noyaux. Mixez la chair des avocats avec le jus du citron vert et la moitié de l'eau.

Dans une casserole, portez à ébullition le restant de l'eau avec le sucre et le sel. Incorporez à la purée d'avocat, mélangez, puis filtrez à travers une passoire fine. Goûtez la préparation, assaisonnez si nécessaire.

Versez le tout dans votre sorbetière, que vous utiliserez selon le mode d'emploi.

Sorbet au poivron rouge

bon marché • facile à réaliser • préparation : 20 min • cuisson : 1 h • congélation : selon votre appareil • pour 4 personnes

1 casserole
papier aluminium
1 mixeur - 1 passoire fine
1 sorbetière (ou turbine à glace)

4 poivrons rouges
le jus d'1 citron vert
50 cl de jus de tomates
1 cuil. à soupe de sucre
2 pincées de sel
1 pincée de piment d'Espelette

Lavez les poivrons, enveloppez-les individuellement de papier aluminium, faites-les cuire au four à 140 °C (th. 5) pendant 1 heure environ. Laissez-les refroidir avant de les sortir du papier aluminium. Retirez la peau et les pépins.

Placez la chair des poivrons dans la cuve d'un mixeur, ajoutez le jus de tomates, le jus de citron vert, le sel, le sucre et le piment d'Espelette. Mixez, filtrez à travers une passoire fine.

Versez la préparation dans votre sorbetière, que vous utiliserez selon le mode d'emploi.

Gaspacho glacé

coût peu élevé • facile à réaliser • préparation : 15 min • congélation : selon votre appareil • pour 4 personnes

1 économe - 1 passoire fine
1 mixeur plongeant
1 sorbetière
(ou turbine à glace)

1 concombre
4 tomates bien mûres
1 poivron rouge
1 gousse d'ail
1/2 oignon
2 c. à s. d'huile d'olive
sel - poivre

Retirez la peau de la gousse d'ail. Lavez les légumes. Épluchez le concombre puis coupez-le en rondelles. Coupez le poivron en 2, retirez les graines, émincez-le en lanières. Coupez les tomates en 8.

Placez tous ces légumes dans la cuve du mixeur, ajoutez le demi-oignon, l'huile d'olive, 1 petit verre d'eau ainsi qu'1 pincée de sel et de poivre. Mixez, puis filtrez à travers une passoire fine. Goûtez et rectifiez l'assaisonnement si besoin.

Versez la préparation dans votre sorbetière, que vous utiliserez selon le mode d'emploi.

Sorbet aux asperges

coût moyen • facile à réaliser • préparation : 20 min • cuisson : 10 min • congélation : selon votre appareil • pour 4 personnes

1 casserole - 1 mixeur
1 économe - 1 passoire fine
1 sorbetière
(ou turbine à glace)

1 botte d'asperges
40 cl de lait
2 pincées de sel
1 pincée de poivre

Lavez puis épluchez les asperges. Portez une casserole d'eau salée à ébullition, puis plongez-y les asperges pendant 10 minutes.

Placez les asperges dans la cuve d'un mixeur, ajoutez le sel, le poivre et le lait. Mixez, puis filtrez à travers une passoire fine. Goûtez la préparation, assaisonnez si besoin.

Versez le tout dans votre sorbetière, que vous utiliserez selon le mode d'emploi.

Index

Infos mesures

	Farine	Sucre	Liqueur	Fécule	Vin/eau
1 cuil. à café rase = 1 teaspoon (tsp)	5 g	6 g	0,5 cl un trait	5 g	0,5 cl
1 cuil. à soupe rase = 1 tablespoon (TBSP) - ½oz	15 g	20 g	1,5 cl	15 g	1,5 cl

Collection Toquades de First

Pour tous les toqués de cuisine !

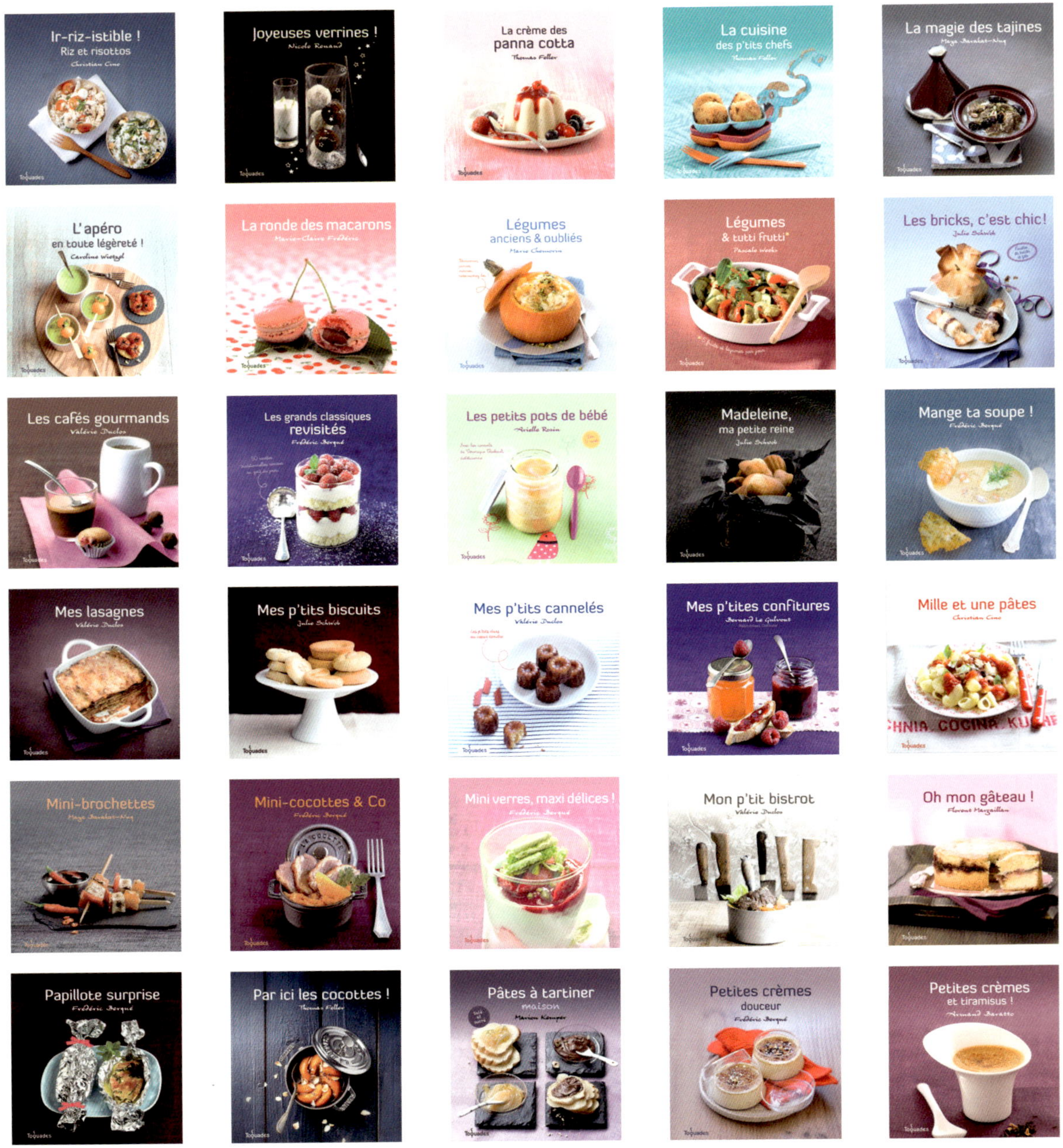
Ir-riz-istible ! Riz et risottos
Christian Cino
Joyeuses verrines !
Nicole Renaud
La crème des panna cotta
Thomas Feller
La cuisine des p'tits chefs
Thomas Feller
La magie des tajines
Maya Barakat-Nuq
L'apéro en toute légèreté !
Caroline Wietzel
La ronde des macarons
Marie-Claire Frédéric
Légumes anciens & oubliés
Marie Chemorin
Légumes & tutti frutti
Pascale Weeks
Les bricks, c'est chic !
Julie Schwob
Les cafés gourmands
Valérie Duclos
Les grands classiques revisités
Frédéric Berqué
Les petits pots de bébé
Arielle Rosin
Madeleine, ma petite reine
Julie Schwob
Mange ta soupe !
Frédéric Berqué
Mes lasagnes
Valérie Duclos
Mes p'tits biscuits
Julie Schwob
Mes p'tits cannelés
Valérie Duclos
Mes p'tites confitures
Bernard Le Gulvout
Mille et une pâtes
Christian Cino
Mini-brochettes
Maya Barakat-Nuq
Mini-cocottes & Co
Frédéric Berqué
Mini verres, maxi délices !
Frédéric Berqué
Mon p'tit bistrot
Valérie Duclos
Oh mon gâteau !
Florent Margaillan
Papillote surprise
Frédéric Berqué
Par ici les cocottes !
Thomas Feller
Pâtes à tartiner maison
Marion Kemper
Petites crèmes douceur
Frédéric Berqué
Petites crèmes et tiramisus !
Armand Baratto

Et maintenant disponible sur l'App Store : l'application « Toquades » pour emmener avec vous encore plus de recettes 100 % gourmandise !